Le patinage artistique

Kate Calder

Illustrations de Bonna Rouse

Traduction : Josée Latulippe

Le patinage artistique est la traduction de *Figure Skating in Action* de Kate Calder (ISBN 0-7787-0177-8).
© 2001, Crabtree Publishing Company, 612 Welland Ave., St. Catharines, Ontario, Canada L2M 5V6

Catalogage avant publication de Bibliothèque et Archives nationales du Québec et Bibliothèque et Archives Canada

Calder, Kate, 1974-

Le patinage artistique

(Sans limites)
Traduction de : Figure skating in action.
Comprend un index.
Pour les jeunes de 8 à 12 ans.

ISBN 978-2-89579-317-5

1. Patinage artistique - Ouvrages pour la jeunesse. 2. Patinage artistique - Ouvrages illustrés - Ouvrages pour la jeunesse.
I. Rouse, Bonna. II. Titre. III. Collection : Sans limites (Montréal, Québec).

GV850.4.C31414 2010   j796.91′2   C2010-940728-8

Pour Liane Bacal et Sari Stulberg, patineuses

Remerciements particuliers à
Gillian Marie Grogan, Mila Kirstie Kulsa, Linda Lester-Koplar, Alexandra Porcu

Consultante
Karen Cover, Musée mondial du patinage artistique, Colorado Springs, Colorado

Recherche de photos
Kate Calder

Photos
Nancie Battaglia Photography : pages 30-31 ; Bruce Curtis : pages 7, 10, 12, 13, 14, 16 (en bas), 17, 19 (les trois du haut), 20 ; Image Communications/Scott Grant : pages 22, 23 (à droite), 25 (en bas), 28-29 ; Photos On Ice/Paul Harvath : couverture, page de titre, 5 (en haut), 23 (à gauche), 25 (en haut), 26, 27 (les deux) ; SportsChrome : page 18 ; Bob Tringali/SportsChrome : page 16 (en haut) ; Musée mondial du patinage artistique : page 5 (en bas)

Toutes les démarches ont été entreprises pour tenter d'obtenir, le cas échéant, l'autorisation de publier les photographies des athlètes qui apparaissent dans ce livre. L'éditeur souhaiterait que toute erreur ou tout oubli soit porté à son attention, de façon à ce qu'il puisse y remédier lors de tirages subséquents.

Illustrations
Toutes les illustrations sont de Bonna Rouse

Nous reconnaissons l'aide financière du gouvernement du Canada par l'entremise du Programme d'aide au développement de l'industrie de l'édition (PADIÉ) pour nos activités d'édition.

 Conseil des Arts **Canada Council**
du Canada **for the Arts**

Bayard Canada Livres inc. remercie le Conseil des Arts du Canada du soutien accordé à son programme d'édition dans le cadre du Programme des subventions globales aux éditeurs.

Cet ouvrage a été publié avec le soutien de la SODEC.
Gouvernement du Québec – Programme de crédit d'impôt pour l'édition de livres – Gestion SODEC.

Dépôt légal –
Bibliothèque et Archives nationales du Québec, 2010
Bibliothèque et Archives Canada, 2010

Direction : Andrée-Anne Gratton
Graphisme : Mardigrafe
Traduction : Josée Latulippe
Révision : Sophie Sainte-Marie

© Bayard Canada Livres inc., 2010
4475, rue Frontenac
Montréal (Québec)
Canada H2H 2S2
Téléphone : 514 844-2111 ou 1 866 844-2111
Télécopieur : 514 278-0072
Courriel : **edition@bayardcanada.com**
Site Internet : **www.bayardlivres.ca**

Imprimé au Canada

Table des matières

Qu'est-ce que le patinage artistique?

Le patinage artistique est un sport qui combine les dimensions sportive et artistique. Les patineurs exécutent des **programmes**, ou routines, composés de différents sauts, pirouettes et mouvements de danse artistique. Des patineurs individuels, des couples ou des groupes de patineurs s'affrontent lors de compétitions. Des juges accordent des points aux patineurs selon le niveau de difficulté et l'originalité de leur programme.

Les compétitions

Des patineurs artistiques de tous âges participent à des compétitions organisées par les clubs de patinage locaux. Plusieurs patineurs rêvent de prendre part à une compétition nationale. Ils doivent d'abord participer et remporter une médaille dans une série de compétitions pour obtenir une place dans un championnat national. Les gagnants de ces épreuves nationales affrontent ensuite des patineurs d'autres pays aux championnats du monde. Les gagnants d'une compétition nationale peuvent également avoir la chance de participer aux Jeux olympiques d'hiver, qui ont lieu tous les quatre ans.

*Le patinage artistique de compétition comprend quatre **disciplines**, ou catégories, dans lesquelles les patineurs s'entraînent et s'affrontent : le patinage individuel (hommes), le patinage individuel (dames), le patinage en couple et la danse sur glace. Cette patineuse participe à une compétition de patinage individuel. Aux pages 24 et 26, tu trouveras de l'information sur le patinage en couple et sur la danse sur glace.*

La naissance du patinage

Le patinage est né il y a plusieurs centaines d'années dans le nord de l'Europe. C'était un moyen efficace pour se déplacer sur les rivières, lacs et canaux gelés. Avec le temps, le patinage est devenu un loisir populaire. Au XVIIᵉ siècle, le roi d'Angleterre s'y est essayé, et le sport a gagné en popularité. Les patineurs de Grande-Bretagne se sont mis à faire des mouvements et des sauts de fantaisie sur leurs patins. En France, les gens ont ajouté des pirouettes et de nouveaux pas pour augmenter la dimension artistique du patinage. Rapidement, le patinage s'est répandu en Amérique du Nord pendant les longs mois d'hiver.

Les premiers patins étaient faits d'os ; on les attachait aux semelles des bottes. On a fini par améliorer les patins en remplaçant les lames d'os par des lames de métal, qu'on utilise encore aujourd'hui.

D'où vient ce nom ?

Le patinage artistique tire son nom des motifs artistiques que les patineurs traçaient sur la glace avec leurs lames, comme on le voit ici à gauche. Dans les premières compétitions, les patineurs étaient évalués en fonction de ces motifs compliqués. Avec le temps, ils ont ajouté des mouvements gracieux à leurs tracés. Finalement, ils ont patiné au son d'une musique et ont intégré des mouvements de danse à leur routine. Les compétitions comprenaient deux épreuves. D'abord, une série de mouvements visaient à tracer sur la glace des motifs précis. Ensuite, les patineurs présentaient une routine de style libre avec des pirouettes et des sauts exécutés au son de la musique. Aujourd'hui, les patineurs ne font plus de motifs tracés en compétition.

L'équipement

Une paire de patins artistiques et une surface glacée, voilà tout ce dont tu as vraiment besoin pour t'exercer au patinage. Plusieurs villes disposent d'une patinoire intérieure. Tu peux perfectionner tes habiletés seul ou suivre des cours. La plupart des patinoires sont ouvertes uniquement pendant la saison de patinage, soit de septembre à juin.

Habille-toi chaudement, avec plusieurs couches de vêtements. Tu pourras retirer des couches au fur et à mesure que ton corps se réchauffe.

Des gants ou des mitaines gardent les mains du patineur bien au chaud et les protègent en cas de chute. La plupart des patineurs n'en portent pas lors d'une compétition.

Les femmes portent souvent un collant avec un pantalon moulant ou une robe de patinage. Les hommes revêtent un pantalon de sport ou un pantalon moulant.

Les lames doivent être affûtées par un professionnel. La plupart des arénas ont un atelier où l'on peut faire affûter les patins.

Tous les patins de figures ont une lame dotée de pointes qui permettent au patineur d'exécuter des sauts et des pirouettes.

Les patins

Les patins de figures doivent être assez robustes pour empêcher les chevilles de plier vers l'avant. Les chaussures sont composées de plusieurs couches de cuir résistant. Le talon comporte une épaisseur supplémentaire appelée «contrefort», qui donne encore plus de soutien. Tes patins devraient s'ajuster parfaitement à ton pied pour éviter que ton talon glisse de haut en bas. Tu risques une blessure aux chevilles en portant des patins trop minces ou trop grands. Quand tu essaies des patins, mets toujours les bas et le collant que tu prévois porter pour patiner.

Quand tu as fini de patiner, essuie tes lames avec une serviette. Place une housse sur chaque lame pour éviter d'érafler ou de couper l'autre patin. À la maison, dénoue les lacets pour permettre à l'intérieur des chaussures de bien sécher.

Les entraîneurs

Les patineurs artistiques plus expérimentés ont besoin d'un entraîneur qui leur enseigne les bonnes techniques. Les entraîneurs aident les patineurs à exécuter leurs sauts et leurs pirouettes. Ils assistent également aux compétitions. L'entraîneur prépare les patineurs avant qu'ils sautent sur la glace pour effectuer leur programme.

Les protège-lames

Les protège-lames préservent les lames de tes patins lorsque tu n'es pas sur la glace. Porte tes protège-lames même sur un sol recouvert de caoutchouc, car les saletés pourraient endommager tes lames. Rince souvent tes protège-lames pour enlever toute saleté susceptible d'émousser les lames.

L'échauffement

Le patinage artistique sollicite plusieurs muscles ; ne pas suffisamment t'étirer pourrait entraîner des crampes ou des élongations. Tout le monde tombe de temps en temps sur la glace. T'étirer avant de patiner diminue le risque d'ecchymose ou de déchirement en cas de chute. Avant de t'étirer, saute à la corde ou fais des sauts avec écart latéral simultané des bras et des jambes *(jumping jack)* pour échauffer tes muscles. Cela te permettra de t'étirer plus facilement.

L'étirement du cou

Penche la tête vers l'avant, le menton sur la poitrine. Tourne lentement la tête d'un côté, puis de l'autre. Ne va jamais jusqu'en arrière ! Tu pourrais endommager les vertèbres de ton cou.

Les rotations des bras

Lentement, décris de grands cercles avec les bras. Fais des cercles de plus en plus petits, jusqu'à ce que tes bras soient à la hauteur de tes épaules. Puis bouge les bras dans l'autre sens, en commençant par de petits cercles pour terminer par des grands.

Les rotations du tronc

Écarte les pieds à la largeur des épaules et décris de grands cercles avec les hanches. Essaie de bouger les épaules le moins possible.

Les fentes avant

Les étirements des hanches aident à prévenir les blessures au dos. Pour faire une fente avant, plie une jambe vers l'avant et laisse l'autre jambe tendue. Reste en position pendant dix secondes, puis change de jambe.

Les fentes latérales

Debout, les pieds pointant vers l'avant, écarte les jambes le plus possible. Plie un genou et penche-toi de ce côté. Place les mains sur ton genou plié pour garder l'équilibre. Compte jusqu'à quinze, puis redresse-toi lentement. Refais l'étirement de l'autre côté.

L'étirement des cuisses

D'une main, appuie-toi à la bande de la patinoire pour garder ton équilibre. Debout sur le pied droit, lève le pied gauche derrière toi. Saisis-le et tire doucement jusqu'à ce que tu sentes une tension sur le devant de la cuisse. Maintiens l'étirement pendant dix secondes, puis passe à l'autre jambe.

9

Sur la carre

À chaque pas, les patineurs utilisent les **carres** de leurs lames pour se donner un élan. Patiner sur la carre de la lame te permet de patiner en cercle ou de décrire une courbe. Apprendre à glisser sur la **carre extérieure** ou sur la **carre intérieure** donnera puissance et vitesse à chacune de tes foulées. Bien comprendre l'usage des carres est important pour apprendre à faire des pirouettes et à prendre ton impulsion lors d'un saut.

Les patineurs perfectionnent leurs foulées en patinant en cercle ou en demi-cercle sur les carres, comme cette patineuse.

(en médaillon) Patiner sur la carre laisse une trace bien nette sur la glace.

À l'extérieur et à l'intérieur

Le dessous de la lame comporte un creux, créant de chaque côté deux carres, la carre intérieure et la carre extérieure. La carre intérieure de la lame fait face à l'autre pied. L'autre carre fait face à l'extérieur. Lorsque tu te tiens sur la glace, entraîne-toi à passer de la carre extérieure à la carre intérieure.

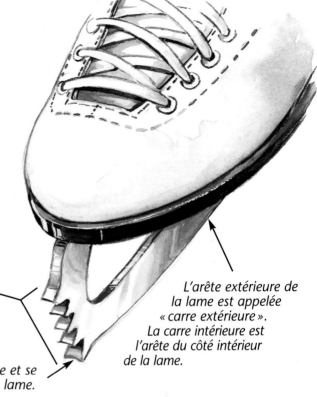

La pointe du patin a cinq dents qui peuvent s'enfoncer dans la glace.

L'arête extérieure de la lame est appelée « carre extérieure ». La carre intérieure est l'arête du côté intérieur de la lame.

Le creux commence à la pointe et se poursuit jusqu'à l'arrière de la lame.

En équilibre

Tu dois être capable de contrôler la position de ton corps pour pouvoir rester en équilibre sur la carre. Si tu patines sur la jambe droite, celle-ci est ta jambe porteuse, et le côté droit de ton corps est ton côté porteur. En gardant le côté porteur ferme et solide, tu auras le contrôle nécessaire pour exécuter des mouvements avec grâce et aisance.

Cette athlète patine sur une carre profonde, très inclinée. Sa jambe porteuse et son côté porteur doivent être forts pour lui permettre de rester en position.

Tout en douceur

Conserver ton équilibre en te déplaçant sur la glace peut sembler difficile au début! Tu dois apprendre à garder le dos droit et les genoux pliés. Cette position t'aidera à ne pas perdre l'équilibre. Le fait de plier les genoux facilite le transfert de poids d'une jambe à l'autre quand tu patines. La jambe sur laquelle tu mets ton poids est appelée «jambe porteuse». L'autre jambe est nommée «jambe libre».

Une bonne poussée

Pour commencer à bouger sur la glace, tu dois exercer une poussée avec tes patins. La poussée en T, illustrée à gauche, est la plus facile à apprendre. Les bras à la hauteur de la taille et les genoux légèrement pliés, place les pieds en forme de T majuscule. Le pied de devant pointe vers l'avant et l'autre, sur le côté. Plie les genoux, penche-toi un peu vers l'avant et pousse avec le pied arrière.

Glisser

Glisser, c'est te déplacer doucement sur la glace, le corps immobile. Les débutants apprennent à glisser vers l'avant sur les deux lames. Commence par une poussée en T et glisse le plus loin possible. Quand tu te sens à l'aise de glisser sur les deux pieds, essaie de lever un pied. Mets alors ton poids sur la jambe porteuse et place les bras à la hauteur de la taille pour garder l'équilibre.

Pour la poussée en T, utilise la carre intérieure de la lame, pas la pointe. En poussant, tends la jambe arrière.

La poussée-élan

Lorsque tu te sens à l'aise de glisser sur un pied, tu es prêt à essayer la poussée-élan. Celle-ci te permet de continuer à te déplacer sans devoir arrêter et d'exécuter de nouveau une poussée en T. La poussée-élan ressemble un peu à la marche : un pied sur la glace, tu soulèves l'autre pour déplacer ton corps vers l'avant. Tout juste avant de soulever un pied, exerce une poussée sur le côté et légèrement vers l'arrière avec ta lame.

(à droite) Pour perfectionner la poussée-élan, pousse avec la partie avant de la carre intérieure à chaque pas.

Tortille-toi

La façon la plus simple de patiner à reculons consiste à te tenir debout, les pieds à la largeur des épaules et les genoux légèrement pliés, puis à rouler des hanches. Le fait de tourner ton corps et tes pieds d'un côté à l'autre te fera lentement reculer. Tu peux aussi essayer de reculer en poussant les deux pieds vers l'extérieur, puis en les ramenant ensemble en même temps. Ce mouvement est appelé « double godille ». Il laisse sur la glace des traces en forme de sablier.

Lorsque tu te sens à l'aise de reculer en roulant des hanches, essaie de reculer avec une poussée-élan. Pousse sur la glace vers l'avant avec une jambe, puis avec l'autre.

Les freinages

Maintenant que tu sais patiner, tu dois apprendre à arrêter correctement. Utilise le côté de ta lame pour ralentir progressivement ou rapidement. Les trois mouvements d'arrêt les plus populaires sont le freinage parallèle (ou freinage de hockey), le chasse-neige et le freinage perpendiculaire.

Le freinage parallèle

Lorsque les patineurs doivent arrêter brusquement, ils utilisent le freinage parallèle, illustré ici. Pour arrêter de cette façon, fais rapidement pivoter ton corps sur le côté. Pousse les lames dans la glace vers l'avant et vers le bas. Tes lames déraperont jusqu'à l'arrêt complet.

Le chasse-neige

La plupart des débutants apprennent à arrêter en utilisant la technique du chasse-neige. Il suffit de tourner les orteils vers l'intérieur, les pieds formant un V. Les lames ressemblent alors à l'avant d'un chasse-neige. Il se peut même qu'une petite quantité de «neige» s'accumule devant toi au cours du freinage.

Le freinage perpendiculaire

Le freinage perpendiculaire utilise la même position des pieds que la poussée en T. Place les pieds pour former un T, déplace ton poids sur la jambe arrière et glisse jusqu'à l'arrêt complet. Penche-toi vers l'arrière suffisamment pour pouvoir glisser sur la carre extérieure. Attention à ne pas marcher sur l'arrière de la lame qui glisse vers l'avant. Tu risques alors de tomber au lieu d'arrêter!

Dans tous les sens

Le patinage artistique comporte des virages et du patinage dans différentes directions. Être capable de pivoter et de décrire des courbes en patinant te permettra d'exécuter des mouvements plus difficiles de patinage artistique.

Les croisés

Les **croisés** te permettent de patiner en décrivant une courbe avec vitesse et maîtrise. Pour une courbe vers la gauche, étends le bras droit devant toi et le bras gauche derrière. Cette position t'aidera à te pencher dans la courbe. Croise le pied droit par-dessus le pied gauche et dépose-le sur la glace. Puis soulève le pied gauche et fais un pas en avant. Continue le croisé jusqu'à atteindre la courbe désirée. Quand tu deviendras plus à l'aise, essaie de prendre de la vitesse en poussant sur chaque jambe en la soulevant.

Penche-toi dans la courbe, comme la patineuse ci-dessus, pour prendre de la vitesse dans les croisés.

Fais demi-tour!

Tu voudras parfois passer du patinage vers l'avant au patinage à reculons. Le virage trois te permet de faire cette transition. Il suffit de déplacer ton poids d'une carre avant extérieure à une carre arrière intérieure. Utilise les bras et le haut du corps pour pivoter.

Glisse vers l'avant et fais pivoter le haut de ton corps. Ce mouvement de spirale t'aidera à amorcer la rotation. Pour tourner, arrête la rotation du haut du corps et tire-le dans la direction opposée.

Les croisés arrière

Les croisés arrière sont semblables aux croisés avant, mais nécessitent davantage d'entraînement.

1. Pour une courbe vers la droite, alors que tu glisses vers l'arrière, étends le bras droit derrière toi. Regarde dans la direction vers laquelle tu patines.

2. Croise le pied gauche par-dessus et en avant du pied droit, et dépose-le sur la glace. Puis soulève la jambe droite et déplace-la à ta droite, comme illustré à l'étape 1. Pour prendre de la vitesse, pousse sur la glace avec chaque patin au moment où tu le soulèves. Souviens-toi de te pencher dans la courbe.

Les pirouettes

Les patineurs les plus habiles à faire des pirouettes peuvent les exécuter à très haute vitesse sans se déplacer d'un centimètre sur la glace. Les patineurs font leurs pirouettes sur les carres intérieures de leurs lames et tournent habituellement dans le sens inverse des aiguilles d'une montre. Commence par une **pirouette sur deux pieds** pour t'habituer au mouvement de rotation. Enroule les bras vers la droite, puis balance-les rapidement vers la gauche. Pointe les orteils légèrement vers l'intérieur et tourne sur les carres intérieures de tes lames.

La pirouette cambrée est probablement la rotation dans laquelle il est le plus difficile de rester en équilibre. Pour donner un caractère unique à ta pirouette cambrée, varie la position de la jambe libre et des bras.

La pirouette sur pointe

1. Réussir une **pirouette sur pointe,** ou tire-bouchon, exige de l'entraînement. Pour commencer cette figure, exécute plusieurs croisés arrière ; termine en décrivant un grand cercle sur la carre arrière intérieure.

2. Avance-toi à l'intérieur du cercle, puis fais un virage trois en passant de la carre avant à la carre arrière pour t'aider à commencer la rotation. Garde la jambe porteuse pliée et la jambe libre ainsi que les bras tendus sur le côté.

3. Après avoir fait la rotation sur la carre intérieure, redresse lentement la jambe porteuse et ramène l'autre jambe près de ton corps. Croise fermement les bras sur la poitrine pour t'aider à garder l'équilibre.

Plein de pirouettes

Une fois que tu maîtrises la pirouette sur pointe, tu es prêt pour des pirouettes plus complexes. La pirouette assise, illustrée ici à droite, est exécutée dans une position accroupie, la jambe libre tendue devant toi. Dans la pirouette allongée, la jambe est tendue derrière ton corps. Certains patineurs rendent la pirouette allongée encore plus difficile en changeant de jambe porteuse au milieu de la rotation. Ils combinent également plusieurs positions dans une même pirouette, passant par exemple d'une position allongée à une position cambrée, pour terminer en position assise.

Les sauts

Les sauts représentent l'aspect le plus difficile du patinage artistique. Un patineur se sert de la vitesse pour avoir l'impulsion nécessaire pour bondir au-dessus de la glace et tournoyer dans les airs. Il existe principalement deux types de sauts : les sauts avec impulsion sur la carre et les sauts avec impulsion sur la pointe. Pour exécuter un **saut de carre**, plie profondément la jambe d'appel pour obtenir la force de bondir dans les airs. Pour un **saut piqué**, ou saut de pointe, utilise la pointe de ton patin comme levier pour t'élancer au-dessus de la glace. Le saut de valse est un saut de carre, l'un des sauts les plus faciles à maîtriser.

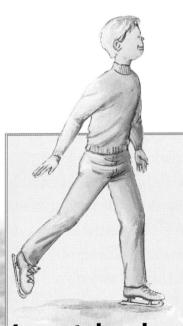

Le saut de valse

1. Commence sur la carre avant extérieure, le genou plié.

2. Projette les bras et les jambes devant toi, et bondis en dépliant le genou de la jambe porteuse.

Cette patineuse vient tout juste d'utiliser la pointe droite pour bondir et exécuter un saut.

20

Le saut écarté

On n'exécute pas un saut écarté, comme illustré à gauche, pour faire une rotation dans les airs, mais plutôt pour montrer une position de grand écart dans les airs. Le patineur se sert de la pointe pour bondir dans les airs, une jambe tendue à l'avant et l'autre tendue vers l'arrière. Dans un saut avec écart frontal, le patineur lève les jambes de chaque côté de son corps.

Les sauts écartés ne rapportent pas autant de points que les autres sauts, mais ils sont spectaculaires à voir.

3. Garde les bras près de la poitrine et fais un demi-tour dans les airs.

4. Lorsque tu fais face à la direction opposée, atterris doucement, le genou plié.

5. Tends la jambe libre derrière toi et les bras devant, pour une **position de réception** bien solide et stable.

Tous ensemble

Le patinage artistique, c'est plus que des sauts et des pirouettes. Les patineurs ajoutent d'élégants mouvements et des pas de danse pour créer une routine harmonieuse. Les programmes durent de une minute à quatre minutes et demie, selon le niveau du patineur. En compétition, les patineurs portent habituellement des tenues sophistiquées, adaptées à la musique ou au thème du programme. La plupart des costumes sont confectionnés sur mesure pour les patineurs.

Les spirales

Les spirales sont de longs mouvements gracieux où tu glisses sur une carre, en tendant complètement la jambe libre et en te penchant vers l'avant, le corps parallèle à la glace. La clé du succès d'une spirale, c'est de lever la jambe libre très haut derrière toi. Exerce-toi à prendre la position de spirale en t'appuyant à la bande. Place les paumes sur la bande devant toi, abaisse la poitrine et lève la jambe libre derrière toi. Demande à un partenaire de s'assurer que ta jambe libre est bien tendue, les orteils pointant légèrement vers le côté.

Dans les compétitions de haut niveau, les patineurs doivent exécuter une série de spirales appelée « séquence de spirales ». Ils passent d'une spirale avant à une spirale arrière et utilisent plusieurs mouvements des bras et positions des jambes.

Le jeu de pieds

Le jeu de pieds est une série de fascinants virages et mouvements des pieds. Les patineurs sont jugés sur le niveau de difficulté de leurs pas et de leurs mouvements. Le jeu de pieds peut conduire le patineur en ligne droite, dans un grand cercle ou dans une sorte de slalom. Les virages trois, les **mohawks**, les petits sauts et les fentes ne sont que quelques-uns des pas qui font partie du jeu de pieds.

Pour présenter une variété d'habiletés et une grande créativité, les patineurs utilisent plus d'un style de musique au cours de leur programme. Ils changent de chanson à peu près au milieu du programme; cela leur permet de passer de mouvements rapides et énergiques à des figures plus lentes et gracieuses.

(à gauche) Les pieds de la patineuse sont pointés vers l'extérieur pour exécuter un grand aigle le long d'une courbe.

Le patinage en couple

Le patinage en couple est la forme de patinage artistique la plus dangereuse et la plus difficile. Un homme et une femme patinent ensemble et exécutent des sauts et des pirouettes à l'unisson, c'est-à-dire en même temps. Les patineurs en couple doivent faire preuve d'une excellente synchronisation pour exécuter des sauts et des portés. Les partenaires doivent également avoir une grande confiance l'un envers l'autre.

Les sauts

Les patineurs doivent avoir une grande force et une grande régularité pour se produire avec un ou une partenaire. Tous deux doivent coordonner et maîtriser leurs sauts à la perfection. Dans un **saut côte à côte**, les deux patineurs doivent quitter la glace et atterrir en même temps. Un saut lancé est une figure spectaculaire où l'homme projette sa partenaire en position de saut. La femme doit s'exercer à réussir une réception avec force et vitesse.

Dans le patinage en couple, l'homme est habituellement plus grand et plus fort que sa partenaire, de façon à pouvoir la soutenir pendant les portés et les lancés.

Les portés

Il existe plusieurs portés de couple. Ils exigent beaucoup d'entraînement, d'habileté et de force, de même que les conseils d'un entraîneur professionnel. Dans le porté lasso à une main, illustré à droite, les patineurs commencent face à face. Au sommet du porté, la femme fait pivoter son corps dans le même sens que celui de son partenaire. L'homme dégage alors une main et soutient la femme d'une seule main.

Les pirouettes

Les patineurs en couple exécutent des pirouettes individuelles, qui sont faites côte à côte, et des pirouettes en couple, où les deux partenaires tournoient ensemble. Dans les pirouettes individuelles, les partenaires doivent commencer la pirouette en même temps et synchroniser parfaitement leurs rotations. Un patineur donne le signal lorsqu'il est temps de mettre fin à la pirouette. Les pirouettes en couple peuvent être exécutées dans toutes les positions de base, comme la pirouette allongée en couple et la pirouette assise en couple. Dans cette dernière, l'homme tourne en position assise habituelle en tenant la femme, qui pivote sur une carre arrière.

(en haut) La spirale de la mort est la pirouette en couple la plus saisissante. La femme se penche vers l'arrière, de façon à ce que sa tête touche pratiquement la glace. Comprends-tu pourquoi on l'appelle la « spirale de la mort » ?

(à droite) Le couple tente d'exécuter des pirouettes et des mouvements qui sont à la fois originaux et difficiles. Les deux patineurs ne doivent pas nécessairement prendre la même position pendant une pirouette en couple, comme c'est le cas ici.

La danse sur glace

La danse sur glace ressemble à la danse sociale sur patins. Les patineurs exécutent des danses comme des **valses** et des **tangos**. Chaque mouvement doit être parfait. Les partenaires patinent ensemble à l'unisson, très près l'un de l'autre. Tous les jeunes danseurs sur glace apprennent une série de danses, dont les séquences et les pas sont définis par l'Union internationale de patinage, l'UIP.

Les positions

Les danseurs sur glace utilisent une variété de positions de danse. La plus courante est la position de valse, où les patineurs se font face. Un des partenaires patine vers l'avant, et l'autre à reculons. En position fox-trot, les corps des patineurs se font face, mais tous deux se déplacent soit vers l'avant, soit vers l'arrière. En position Kilian, l'homme patine derrière sa partenaire. Il tient la main gauche de celle-ci tendue, et sa main droite est posée sur la hanche de la femme, qui patine un peu devant lui.

Les danseurs sur glace patinent le plus près possible l'un de l'autre et se touchent presque constamment. Les partenaires essaient de nous donner l'impression qu'ils ne font qu'un.

Les compétitions de danse

Les compétitions de danse sur glace comportent trois épreuves : les danses imposées, une danse originale et une danse libre. Chaque couple exécute les deux mêmes danses imposées. Celles-ci sont choisies au hasard parmi une série de danses définies par l'UIP. La danse originale a elle aussi un schéma imposé, mais les patineurs choisissent eux-mêmes leurs mouvements et leur organisation. Les compétiteurs reprennent le schéma de la danse originale à deux reprises au cours de leur programme.

Ces danseurs sur glace sont en position de valse. Ils exécutent une danse imposée.

Libres comme l'air !

La dernière épreuve, la danse libre, est entièrement créée par le couple de patineurs. Les partenaires choisissent le thème et le style de leur danse libre, qui comporte souvent des mouvements et des pas de danse non traditionnels.

Les programmes de danse libre sont habituellement exubérants et amusants. Cette équipe est prête à divertir les spectateurs et les juges en exécutant son programme.

Le patinage synchronisé

Le patinage synchronisé est l'épreuve de patinage artistique la plus récente. Des équipes de patineurs exécutent des programmes déterminés au son d'une musique. Elles créent des formations ressemblant à des motifs qui se déplacent sur la glace. Ces formations comprennent des cercles, des lignes et des roues. Les patineurs évoluent en douceur d'une formation à une autre. Le patinage synchronisé est un travail d'équipe. Les patineurs s'entraident tout au long du programme et s'assurent que leurs propres mouvements s'accordent avec ceux des autres. Si un patineur tombe pendant la compétition, il pourrait entraîner un coéquipier dans sa chute. Les équipes doivent mettre au point un plan de reprise en cas de chute d'un patineur.

Cette équipe de patinage synchronisé exécute une roue. Plusieurs lignes de patineuses tournent autour d'un point fixe au centre, tels les rayons d'une roue. Cette roue a six rayons, mais certaines en ont aussi peu que deux.

Les spectacles sur glace

Plusieurs clubs de patinage présentent un spectacle pour clore la saison. Les patineurs revêtent des costumes et exécutent un programme théâtral en groupe. Ces spectacles permettent aux patineurs de démontrer leurs habiletés à la communauté et d'avoir beaucoup de plaisir.

Les patineurs passent plusieurs heures à apprendre et à répéter les programmes. La veille du spectacle, ils font une répétition générale. Au cours de cet entraînement, les patineurs répètent l'ensemble du spectacle, portant costumes et maquillage.

Le jour du spectacle, la patinoire est décorée d'accessoires, de lumières et de banderoles. Un rideau géant est accroché au-dessus de la glace à une extrémité de la patinoire. Dans les coulisses, c'est-à-dire derrière le rideau, les patineurs se préparent. L'aréna est plongé dans le noir, à l'exception des patineurs sur la glace, qui sont éclairés par de gros projecteurs. Familles et amis remplissent les gradins et encouragent les patineurs qui entrent en scène.

Ces patineurs se produisent dans une routine des années 1950. N'oublie pas de sourire et d'avoir du plaisir pendant un spectacle de patinage !

Glossaire

carre Côtés extérieurs de la lame, sur lesquels le patineur glisse

carre extérieure Carre externe de la lame

carre intérieure Carre interne de la lame, qui fait face à l'autre pied

croisés Pas continus, un pied sans cesse croisé devant l'autre

discipline Forme de patinage artistique, comme le patinage en couple, dans laquelle les patineurs s'entraînent et se produisent

mohawk Virage où le patineur passe d'une carre avant intérieure sur un pied à une carre arrière intérieure sur l'autre pied

pirouette sur deux pieds Pirouette où le patineur tournoie sur les carres intérieures de ses patins

pirouette sur pointe Pirouette où un patineur pivote sur un pied

position de réception Position à la suite d'un saut où la jambe libre et les bras sont tendus et solides

programme Routine exécutée par un patineur dans le cadre d'une compétition

saut côte à côte Saut en couple où les deux patineurs exécutent simultanément le même saut

saut de carre Saut où un patineur bondit dans les airs en prenant appui sur un pied

saut piqué Saut où le patineur plante la pointe de son patin dans la glace pour prendre son élan

tango Danse sociale traditionnelle faite de pas et de mouvements rapides et théâtraux

valse Danse sociale traditionnelle faite de longues foulées et de pas harmonieux

Index